CATALOGUE

D'ESTAMPES

ANCIENNES ET MODERNES

PARTIE DE

L'ŒUVRE D'ISRAEL SILVESTRE

DESSINS

DONT LA VENTE AUX ENCHÈRES PUBLIQUES AURA LIEU

HOTEL DES COMMISSAIRES-PRISEURS, RUE DROUOT, 9, SALLE N° 9

Le Mercredi 28 Février 1894

à deux heures précises.

total de la vente 2.737 fr.

Me MAURICE DELESTRE	M. JULES BOUILLON
COMMISSAIRE-PRISEUR	Marchand d'estampes de la Biblioth. nationale
rue Drouot, 27.	rue des Saints-Pères, 3.

CATALOGUE

D'ESTAMPES

ANCIENNES ET MODERNES

PARTIE DE

L'ŒUVRE D'ISRAEL SILVESTRE

DESSINS

DONT LA VENTE AUX ENCHÈRES PUBLIQUES AURA LIEU

HOTEL DES COMMISSAIRES-PRISEURS, RUE DROUOT, 9, SALLE N° 9

Le Mercredi 28 Février 1894

à deux heures précises.

Par le ministère de Me **MAURICE DELESTRE**, Commissaire-Priseur,
Rue Drouot, 27.

Assisté de **M. JULES BOUILLON**, marchand d'estampes de la Bibliothèque nationale, rue des Saints-Pères, 3.

PARIS, 1894

CONDITIONS DE LA VENTE

Elle sera faite au comptant.

Les acquéreurs payeront CINQ POUR CENT en sus des enchères, applicables aux frais de vente.

M. JULES BOUILLON se réserve la faculté de réunir ou de diviser les lots.

DÉSIGNATION

ESTAMPES

BEGA (C.)

1 — L'Œuvre de Corneille Bega, en dix-sept pièces. Très belles et anciennes épreuves de premier tirage.

BELLA (Della)

2 — Divers dessins, tant pour la paix que la guerre, — Divers paysages, — Divers embarquements, — Divers paysages mis en lumière par Israël. — Dessins de quelques conduites de troupes, canons et attaques de villes, etc. Quarante-neuf pièces. Très belles épreuves.

3 — Le Nozze de gli Dei. Scena quinta d'Inferna, — Voyage de Jacob pour aller trouver Joseph en Egypte, — Vues, études, etc. Dix pièces.

BIDA, BARYE et BODMER

4 — Prière au Caire, — Une Visite, — Lion de Perse, — Canards. Quatre pièces.

BLÉRY (E.)

5 — Paysages. Dix pièces gravées à l'eau-forte. Epreuves d'artiste, sur chine.

BONNINGTON (R.-P.)

6 — Tour aux archives à Vernon (H. B., 3), — Eglise Saint-Taurin d'Evreux (5), — Façade de l'église de Brou (8), — Vue générale des ruines du château d'Arlay, 1827 (10). Quatre pièces. Superbes épreuves, dont deux sur chine.

BONNINGTON (R.-P.)

7 — Ruines du château d'Arlay (11), — Vue d'une rue du faubourg de Besançon (14). Trois-pièces dont une double. Superbes épreuves sur chine.

8 — Reste et fragments d'architecture. Suite de dix lithographies, connue sous le nom de la petite Normandie (H. B., 16-25). Manque le numéro 10. Le titre est double. Très belles épreuves.

9 — Voyage au Brésil. Suite de trois lithographies, d'après Rugendas (27-29), dont deux doubles. Cinq pièces. Très belles épreuves.

10 — Le Repos, — La Conversation. Deux pièces. Epreuves sur chine.

11 — Vues pittoresques de l'Ecosse. Onze pièces d'après Pernot, et deux culs-de-lampe de Bonington (30-42). Vingt-neuf pièces en épreuves sur blanc et sur chine.

12 — Vue de Bologne. Eau-forte in-8, signée R. P. B. (64). Epreuve sur chine, toute marge.

BRACQUEMOND (F.)

13 — Le haut d'un Battant de porte (H. B. 110). Très belle épreuve du cinquième état.

14 — Sarcelles (111). Epreuve avant toute lettre.

15 — L'Inconnu (174). Epreuve avant la lettre.

16 — Sur la terrasse (La terrasse de la villa Brancas) (215). Epreuve du premier état, sur parchemin.

17 — Le Tournoi, d'après Rubens (274). Epreuve du deuxième état, avant la lettre, avec dédicace de l'artiste à Hédouin.

18 — Paysage (ou le Cheval blanc), d'après Corot. Epreuve du deuxième état, sur chine, signée du graveur.

BRACQUEMOND (F.)

19 — Quinze eaux-fortes et un portrait pour illustrer les œuvres de Rabelais, Lemerre, 1872 (441-455). Trente-sept épreuves des deuxième, troisième et quatrième états, en partie sur chine.

20 — Mort du Poussin, — Le Miroir, — Le Bois de Boulogne, — Le Sac, — Le Retour au logis, — La Pipie. Six pièces.

BUHOT (F.)

21 — Une matinée d'hiver au quai de l'Hôtel-Dieu (ou les Fiacres) (H. B., 123). Très belle épreuve avant la lettre.

22 — La Fête nationale au boulevard de Clichy, 1878 (127). Epreuve de premier tirage, avec les croquis dans les marges.

23 — L'Hiver de 1879 à Paris, à la place Bréda, 9 décembre (128). Epreuve de premier tirage, avec croquis dans les marges.

24 — L'Orage, souvenir d'un tableau de Constable (145). Epreuve avec croquis dans la marge.

CALLOT (J.)

25 — Le Passage de la mer Rouge (Meaume 1). Très belle épreuve du premier état.

26 — Le Massacre des Innocents (2e planche) (6). Belle épreuve du premier état.

27 — Les Mystères de la Passion de Notre-Seigneur et la Vie de la Vierge (M. 31-36). Très belles épreuves, manque le titre.

28 — La Parabole de l'enfant prodigue. Suite de onze morceaux (M., 53-63). Très belles épreuves.

29 — Le Martyre de Saint Sébastien (137). Très belle épreuve du premier état.

CALLOT (J.)

30 — Les Grandes misères de la guerre, suite de dix-huit estampes (M., 564-581). Belles épreuves du deuxième état, avec l'adresse d'Israël.

31 — Parterre ou Jardin de Nancy (622). Belle épreuve du premier état.

CANALETTI (A.)

32 — Vedute altre prese da i Luoghi altre ideate da Antonio Canal, e da essa intagliate poste in prospetiva umiliate all' Illmo. Signor Guiseppe Smith. Suite de trente pièces, dont un titre. Très belles épreuves.

CHASSERIAU (Th.)

33 — Arabe montant en selle (H. B. 22), — La Mère et l'enfant (24), — Vénus Anadyomène (25), — Apollon et Daphné (26). Quatre pièces. Belles épreuves.

COROT

34 — Paysages (H. B., 2 et 3), — Souvenir d'Italie (5), — Environs de Rome (6), — Paysage d'Italie. (7), etc. Six pièces. Belles épreuves.

COURTRY (Ch.)

35 — Portrait de Henriette d'Angleterre, d'après Van-Dyck. Deux épreuves, dont une à l'eau-forte et l'autre terminée. — Portrait d'André del Sarte. Trois épreuves à l'eau-forte et terminées. Cinq pièces avant la lettre.

DAUBIGNY

36 — Le Chemin montant, — Clair de lune à Valmondois. Deux pièces. Epreuves d'artiste.

37 — Les Vendanges, — Parc à moutons le matin, — Soleil couchant, — Lever de lune, — Le Printemps, — Le Guet du chien, — Comment naissent les villes, — Lever de lune dans la vallée d'Andilly, etc. Dix pièces. Belles épreuves.

DECAMPS

38 — Corps de garde turc (Ad. M. 17), — Gardeur de porcs (18), — Village de Turquie (19), — Les deux Chiens (20). Six pièces dont deux doubles. Belles épreuves.

39 — Le Petit Savoyard (10), premier et quatrième état, — Une patrouille à Smyrne (11), premier et deuxième état, Les Mendiants (14), premier état, — Le Lièvre et la Tortue (16), premier état, — Le Coup décisif (17), premier état. Huit pièces. Très belles épreuves.

40 — Cahier de six feuilles de croquis turcs (19-24), manque le n° 20. Neuf pièces, dont quatre doubles. Epreuves des deuxième et quatrième état.

41 — Sujets de chasse et sujets turcs (31-32-34-35). Sept pièces, dont trois doubles. Quatre sont sur chine.

42 — Croquis publiés chez Gihaut, 1830-1831. Suite de douze pièces, manque le n° 111 (36-47). Trois pièces sont doubles. Très belles épreuves.

43 — Croquis par divers artistes (48-49 et 60). Quatre pièces.

44 — Caricatures politiques. Suite de treize pièces dont nous n'avons que sept (74-75-76-78-82-83-84). Trois pièces sont doubles et trois sont coloriées, en tout dix pièces. Très belles épreuves.

45 — Eaux-forte et lithographies d'après Decamps. 21 pièces.

DELACROIX (Eug.)

46 — Le Kaïd Mahommed-Ben-Abou dans sa tente. Eau-forte (Ad. Moreau, 14), — Un Homme d'armes (18), premier état. Deux pièces. Très belles épreuves.

47 — Tigre couché dans le désert (16). Très belle épreuve du deuxième état, sur chine.

48 — Un homme d'armes (18), — Etude de femme vue de dos (20), — Un seigneur du temps de François Ier (22), Arabes d'Oran (23). Quatre pièces du troisième état.

DELACROIY (Eug.)

49 — Une Juive d'Alger (19), deuxième et troisième états, — Etude de femme vue de dos (20), deuxième état. Trois pièces. Très belles épreuves.

50 — Un seigneur du temps de François Ier (22), deuxième état, — Arabes d'Oran (23), deuxieme état. Deux pièces. Très belles épreuves.

51 — Goetz de Berlichingen écrivant ses mémoires, lithographie (22), — Frère Martin serrant la main de fer de Goetz (23), — Weislingen attaqué par les gens de Goetz (25), — Weislingen prisonnier de Goetz (26). Quatre pièces. Très belles épreuves.

52 — Feuilles de médailles antiques (30-31, 32 et 33). Quatre pièces. Epreuves sur Chine.

53 — Cheval effrayé sortant de l'eau (39). Epreuve sur chine.

54 — Jane Shore (40), — Hamlet (41). Deux pièces. Très belles épreuves sur chine, toutes marges.

55 — Lion de l'Atlas (42). Très belle épreuve.

56 — Fronte-Bœuf et le Juif (45), — Jeune tigre jouant avec sa mère (49), premier et troisième état, — Femme d'Alger (52), — Lion dévorant un cheval (56). Quatre pièces. Belles épreuves.

57 — Juive d'Alger (54), — Une rue d'Alger (55). Deux pièces publiées dans le Livre d'or de Curmer.

58 — Dix-huit illustrations pour Faust, tragédie de M. de Gœthe (58-75). Très belles épreuves dans la couverture de publication.

59 — Hamlet. Treize sujets dessinés par Eugène Delacroix. Publication originale, 1843. Superbe épreuve sur chine, plus deux pièces doubles sur blanc (A. M. 76-91).

DELACROIX (Eug.)

60 — Lithographie et fac-simile, d'après les compositions d'Eugène Delacroix. Dix-huit pièces.

DIAZ (N.)

61 — Les Folles amoureuses, — Les Fous amoureux, — Les Joies du mensonge, — Les Larmes du veuvage, — Les Maléfices de la beauté, — La Mort de peur. Six pièces tirées du journal l'*Artiste*.

DIVERS

62 — Lithographies et eaux-fortes, d'après Decamps, Leys, Roqueplan, Gaucherel, Marilhat, Hébert, Bonington, Paul Huet, Courbet, Vollon, Th. Rousseau, Ribot, etc. 26 pièces.

DUPRÉ (Par et d'après)

63 — Pacages du Limousin, — Vue prise à Alençon, — Vue prise en Normandie, — Moulin de la Sologne, — Vue prise dans le port de Plimouth, — Vue prise en Angleterre, — Bords de la Somme, — Vue prise à Southamton, — Pâturages, — Limousin, — Les Grands chênes, — Vue prise en Sologne, etc. 19 pièces.

DYCK (Antoine Van)

64 — Le Christ au roseau. Bonne épreuve.

DYCK (Antoine)

65 — *Breugel* (P.), — *Breugel* (J.), — *Erasme*, — *Snyders* (Franciscus), — *Vos* (Paul de), — *Wael* (J. de). Six portraits. Bonnes épreuves.

FICQUET (Et.)

66 — *Voltaire* (F.-M.-Arouet de), d'après de la Tour. Belle épreuve.

*

FLAMENG (L.)

67 — Jésus guérissant les malades (La Pièce aux cent florins), d'après Rembrandt (H. B., 218). Deux superbes épreuves, dont une sur velin.

FYT (Jean)

68 — Les deux Boucs (B., 1), — Le Chariot (B. 6). Deux pièces en épreuves de premier état.

69 — Les Chiens. Suite de huit estampes, (B., 9-16). Belles épreuves, plus une double.

GAUTIER (A.)

70 — Eaux-fortes par A. Gautier, 1862. Treize pièces dont quelques doubles en épreuves avant la lettre.

GELLÉE (Claude), dit LE LORRAIN

71 — La Fuite en Égypte (R. D., 1). Très belle épreuve du deuxième état. Rare.

72 — La Tempête (R. D., 5). Belle épreuve avec grande marge. Collection Debois.

73. — La Danse sous les arbres (R. D., 18). Belle épreuve.

74 — Le Port de mer au fanal (R. D., 11). Belle épreuve.

75 — Le Troupeau en marche par un temps orageux (R. D., 18). Belle épreuve.

76 — L'Enlèvement d'Europe. (R. D., 22). Belle épreuve du deuxième état.

77 — Etude d'une scène de brigands (39). Deux épreuves. — Etude de deux paysages (40). Belles épreuves.

GÉRICAULT

78 — Marche dans le désert (Ch. Clément, 21), — Lara blessé (23), premier et deuxième états. Trois pièces. Très belles épreuves.

GÉRICAULT

79. — Neuf pièces d'une suite de douze, publiée chez Gihau (48-49-50-52-54-55-56-57 et 58). Très belles épreuves, une est double. Dix pièces.

80 — Cinq pièces d'une suite de huit, publiées chez Gihaut (59-60-62-63-66). Belles épreuves.

81 — Le Giaour (69), — Cheval au trot (70). Premier et deuxième état. Trois pièces. Très belles épreuves.

82 — Suite de grandes lithographies françaises. 7 pièces dont une double, d'une série de douze (75-76-77-80-83 et 85). Très belles épreuves.

83 — Trois pièces d'une suite de cinq publiées par Mme Hulin (87-88-90), une est double. — Trois pièces d'une suite de quatre lithographiées par Volmar, retouchées par Géricault (96-98-99). Sept pièces. Très belles épreuves.

84 — Lithographies d'après Géricault. Sept pièces.

GOYA (F.)

85 — Bacchus couronnant les ivrognes, d'après Velasquez. Très belle épreuve.

GREUX (G.)

86 — Le Semeur, d'après Millet. Epreuve d'artiste signée du graveur.

87 — Sujets et Paysages divers pour illustration de catalogues, d'après Isabey, Rousseau, Diaz, Dupré, Fortuny, Millet, etc. 21 pièces. Epreuves d'artiste.

HADEN (Francis-Seymour),

88. — Fulham sur la Tamise (H. B., 18), — Bords de la Tamise. — Berge de la rivière à Sonning (105). Trois pièces. Belles épreuves.

HECKE (Jean Van den)

89 — Différents animaux. Suite de douze estampes (B., 1-12). Très belles épreuves.

HECKE (JEAN VAN DEN)

90 — Six pièces doubles de la suite précédente. Belles épreuves.

HEDOUIN (ED.)

91 — Halte de chasse d'après C. Van Loo (H. B. 33). Deux épreuves sur chine, dont une à l'état d'eau-forte, et l'autre terminée, avant toute lettre.

92 — Le Sergent recruteur, d'après Meissonier. Epreuve sur chine.

93 — Portraits, — Un Cabinet d'amateur, — Portrait d'Edmond Hédouin, gravé par Boilvin. Six pièces. Très belles épreuves d'artiste.

HUET (PAUL)

94 — Six marines, lithographies d'après nature, 1832 (H. B., 32-37). — Près de Fontainebleau (67), — Vue prise dans le bois de la Haye (69). Huit pièces lithographies et eaux-fortes.

95 — Six eaux-fortes par Paul Huet 1835. (H. B. 58-64). Superbes épreuves, avant les numéros, le titre avant la lettre, avec dédicace au baron Taylor. Toutes marges.

JONCK HEER (J.)

96 — Les Trois levriers (B., 1), — Les quatre lévriers (B., 2), Très belles épreuves.

ISABEY (EUGÈNE)

97 — Souvenirs d'Eugène Isabey, 1832. Quatre pièces d'une suite de sept (H. B., 1-7), — Vue de Rouen, — Vue de Caen. Deux épreuves, une est sur chine — Souvenir de Bretagne. Très belles épreuves.

98 — Six marines dessinées sur pierre par Eug. Isabey, 1833 (H. B., 8-14). Suite de six pièces et un titre. Très belles épreuves dont cinq de premier tirage, quatre sont sur chine.

ISABEY (Eugène)

99 — Quatre pièces doubles de la suite précédente dont deux de premier tirage sur chine.

100 — Lithographies diverses : Marée basse, — Côte de Douvres, — Brick échoué, — Bateaux de pêcheurs en rade, — Normandie, — Croquis par divers artistes, — Rue des Gras, à Clermont, — Port de Boulogne, — etc. Quatorze pièces. Très belles épreuves en partie sur chine,

JACQUE (Ch. et L.)

101 — Paysages et sujets divers. Dix pièces. Très belles épreuves.

JACQUEMART C.)

102 — Trépied par Gouthières (H. B., 23), — Le Cabinet des médailles (30). Deux pièces. Epreuves avant la lettre.

103 — Wilhem van Heythuisen (269), — La Sorcière (272). Deux pièces d'après Hals. — Au bord de l'eau (340), — Vue prise de la fenêtre de l'atelier de Jacquemart (341). Quatre pièces. Très belles épreuves avant la lettre.

LE CLERC (Sébastien)

104 — La Galerie de l'hostel royal des Gobelins, — La Grande cour de l'hostel royal des Gobelins. Deux pièces. Belles épreuves.

LELEUX (d'après Armand)

105 — Le Sabotier, — Guittarero. — Jeunes filles bas-bretonnes, — Braconniers bas-bretons. Quatre pièces lithographies et eaux-fortes.

LELOIR (L.)

106 — Essais de gravure à l'eau forte. Deux pièces très rares sur japon.

LEONI (Ottavio)

107 — Portraits d'artistes italiens, 1620-1625. Neuf pièces. Très belles épreuves.

LEYS (H.)

108 — Promenade hors des murs. Faust et Wagner (H. B., 12). Très belle épreuve.

MAITRE AU MONOGRAMME P. V. H.

109 — Les trois Chiens (B., 10). Belle épreuve.

MEISSONIER (E.)

110 — Le Rapport. Belle épreuve.

MERYON (Ch.)

111 — L'Arche du Pont Notre-Dame, 1850. Très belle épreuve avant la lettre.

112 — Saint-Étienne-du-Mont. Très belle épreuve.

113 — La Tour de l'Horloge, — La Pompe Notre-Dame. Deux pièces. Epreuves sur chine.

114 — Bain froid Chevrier, dit de l'Ecole, — Tourelle, rue de l'Ecole-de-Médecine. Deux pièces. Belles épreuves.

115 — Passerelle du Pont-au-Change, après l'incendie de 1621, — Rue Pirouette (aux Halles). Deux pièces. Epreuves sur chine.

MEUNIER (L.)

116 — Maison royale du Parde à deux lieues de Madrid, — Palais royal de Tolède à douze lieues de Madrid, — Maison royale de la Zarzuela à une lieue edemy de Madrid, — Jardin royal de la Maison del campo dehors Madrid, — Veue d'une partie de la ville de Cadis en Espagne, du coste du port, — Veue et perspective du Palais du Roy de Portugal à Lisbonne. Six pièces, Très belles épreuves.

MILLET (J.-F.)

117 — Jeune Mère donnant la bouillie à son enfant. Epreuve sur chine.

MOREAU ET **DUPLESSIS-BERTAUX** (d'après)

118 — Collection de seize gravures des principaux événements de la Révolution française pour illustrer l'ouvrage de M. Ch. Lacretelle. Epreuves à toutes marges dans la couverture de publication.

NIELLE (Mlle G.)

119 — Maison rue du Cloître-des-Bernardins, — Hôtel Colbert, — Cour Charlemagne, — Vue de l'Hôtel Lambert, — Ruines de l'Hôtel de Breton villiers, — Saint-Julien-le-Pauvre, — Eglise Saint-Jean à Lyon, — Hôtel-Dieu à Paris. Huit pièces. Très belles épreuves.

OSTADE (Adrien van)

120 — Le Fumeur, planche ovale (f. 5). Deux épreuves, — Paysan sonnant du cor (7). — Le Vielleur, — Le Fumeur à la fenêtre (10), — L'Homme et la Femme causant ensemble (12), — Les Fumeurs (13), — La Cruche vide (15), Deux épreuves. — Gueux enveloppé d'un manteau (22), — Homme et Femme marchant ensemble (24), — La Dévideuse à la porte de sa maison (25), — Trois Figures grotesques (28), — Le Marchand de lunettes (29), — Le Père de famille (33), — L'Emouleur (36), — Les Deux Commères (40), — Le Joueur de violon bossu (44), — La Famille (46), — Dix-neuf pièces. Très belles et anciennes épreuves.

PRUD'HON (P.-P.)

121 — Une Famille malheureuse. Epreuve sur chine.

PRUD'HON (d'après P.-P.)

122 — Constitution française, gravé par Copia. Superbe épreuve avant la lettre, marge,

123 — Buste de l'Impératrice Marie-Louise. Epreuve avant la lettre, sur chine.

PRUD'HON (d'après P.-P.)

124 — Adresse de la Veuve Merlen, — La Pudeur, — L'Amour, — La Grotte, etc. Cinq pièces lithographiées par Bellanger. Belles épreuves.

RAFFET

125 — Combat d'Oued-Alleg. 31 décembre 1839 (G., 82) Belle épreuve sur chine. — Le Guide, — Assaut. Trois pièces.

REMBRANDT

126 — Portrait de Rembrandt à cheveux courts et frisés (B., 26).

127 — Abraham caressant Isaac (B., 33). — Abraham avec son fils Isaac (B., 34). Deux pièces. Belles épreuves.

128 — L'Annonciation aux Bergers (B., 44). — Présentation au Temple (49). Deux pièces. Belles épreuves.

129 — La Circoncision (B., 47). Premier et deuxième état. Deux pièces. Belles épreuves.

130 — Fuite en Egypte (B., 53). — Fuite en Egypte (55). — Jésus-Christ au milieu des docteurs (64). — Jésus-Christ chassant les vendeurs du Temple (69). Quatre pièces. Bonnes épreuves.

131 — Résurrection de Lazare (La petite), (B., 72). — Résurrection de Lazare (La grande), (B., 73). Deux pièces. Belles épreuves.

132 — Descente de Croix (B., 83). — Les Disciples d'Emmaüs (87). — Le Retour de l'Enfant prodigue (91). Original et copie. Quatre pièces. Bonnes épreuves.

133 — Saint Jérôme (B., 105). — La Fortune contraire (111). Premier et deuxième état. — Trois Figures orientales (118). — Le Jeu du Kolf (125). Cinq pièces. Belles épreuves.

REMBRANDT

134 — Le Petit Orfèvre (B., 123). — Le Maître d'école (B., 125). Deux pièces. Très belles épreuves.

135 — Le Paysan avec femme et enfant (B., 131). — La La Femme avec la Calebasse (168). Deux pièces. Belles épreuves.

136 — Figure d'un Vieillard à courte barbe (B., 151). — Le Persan (152). Deux pièces. Bonnes épreuves.

137 — Les Baigneurs (195). Deux épreuves. — Académie d'un homme assis à terre (196). Trois pièces. Belles épreuves.

138 — Femme nue, assise sur une butte (B., 198). — Vénus au bain (A., 201). Deux pièces. Belles épreuves.

139 — Femme nue, les pieds dans l'eau (B., 200). Très belle épreuve, sur chine.

140 — Femme nue, les pieds dans l'eau (B., 200). — Négresse couchée (205). Deux pièces. Bonnes épreuves.

141 — Portrait de Jean Antonides van der Linden (B., 264). Belle épreuve.

142 — Faustus (B., 270). Très belle épreuve.

143 — Abraham France (B., 272), — Clément de Jonge (B., 272). Deux pièces. Belles épreuves.

144 — Les mêmes estampes. Belles épreuves.

145 — Jean Lutma (B., 276). Belle épreuve.

146 — Estampes diverses, copies et pièces douteuses. Sept pièces.

ROUSSEAU (TH.)

147 — Chênes de Roches. Très belle épreuve du 2e état.

RUISDAEL ET P. DE LAER

148 — La Chaumière au sommet de la colline (B., 3), — Quatre croquis à l'eau forte, par P. de Laer. Cinq pièces.

DU SART (C.)

149 — La Fête du village (B., 16). Superbe épreuve avec marge.

SCHMIDT (G.-F.)

150 — Jésus ressuscitant la fille de Jaïre, d'après Rembrandt Très belle épreuve.

SÉGÉ (A.)

151 — Paysage. Épreuve avant la lettre, sur chine.

SILVESTRE (ŒUVRE D'ISRAEL)

152 — Portrait d'Israël Silvestre, gravé par G. Edelinck, d'après C. le Brun (R. D., 379). Très belle épreuve.

153 — Profil de la ville de Paris (faucheux, 76). Très belle épreuve[1].

154 — Archevêché (79), — Augustins (81-1). Deux pièces. Épreuves de premier état.

155 — La Bastille (82-1-2-3-4). Quatre pièces.

156 — Les Bernardins (83), — Bons-hommes (84-1), — Chaillot (87), — Le Grand Chastelet de Paris (88). Quatre pièces.

157 — Le Cours la Reine (83), — Les Feuillans (92), — Filles de l'Annonciate (93), — Eglise des Filles de sainte Marie (94), — Eglise des Filles du Mont Calvaire (95). Cinq pièces.

158 — Eglise de l'hospital Saint-Louis (97), — Hostel d'Angoulême (98), — Hôtel de Luynes (102), — Hôtel de Saint-Paul (104), — Hôtel de Soissons (105-2), — Hôtel Vendôme (107). Six pièces.

159 — Hôtel de Ville de Paris (108-1-2), — Ile Louviers (109). Deux épreuves. — L'Eglise noviciale des Jésuites du faubourg Saint-Germain (113). Cinq pièces.

1. Cette pièce et les suivantes sont toutes en épreuve de premier tirage, sur papier mince.

SILVESTRE (Œuvre d'Israël)

160 — Le Louvre (115-2-4-7-8), — Palais d'Orléans, ou Luxembourg (117-6-8),—Maison de M. de Bretonvilliers (119-1-2-3). Neuf pièces.

161 — Maison de M. Le Coigneux (120),— Eglise de la Mercy, (124),— Perspective de l'Eglise de Notre-Dame, veue de la place de Grève (125-1), — Palais de Justice (126), — Palais Royal, (127-2), — Place Royale (129-1). Six pièces.

162 — Veue et perspective du Pont-Neuf et du Pont-au-Change (130-5). Très rare.

163 — La statue de Henri IV, et de l'Isle du Palais (131), Pont Saint-Landry (133), — Pont Saint-Michel (134), — Porte Saint-Bernard (136-3). 1er et 2e état. Cinq pièces.

164 — Porte Saint-Denis (138), — Quai de Gesvre (141), — Rambouillet (143), — Veue du quai des Augustins (140), — Les Quinze-Vingt (142). Cinq pièces.

165 — La sainte Chapelle (145), Saint-Germain-l'Auxerrois (149), — Maison abbatiale de Saint-Germain-des-Prez (150), — Saint-Martin-des-Champs (152), — Saint-Sulpice (154), — La Savonnerie (156). Six pièces.

166 — Veue de l'Eglise du Temple à Paris (158-1-2), — La Tour de Nesle (159-1-2-3), — La Tour Neuve (160). Sept pièces, dont une double.

167 — Les Tuilleries (161-5-10-11-12-13-14-15-16). Onze pièces dont trois doubles.

168 — Alize (164), — Ancy-le-Franc (165-2-3-4-5), — Arbigny (166), — Chasteau d'Avron (168), — Avignon (170-2), — Berny (173-1). Neuf pièces.

169 — Boullongne (177), — Bourbon-l'Archambault (178), — Bury (182-1-2,) — Chantemesle (185), — Chantilly (187-1-2-3-4). Neuf pièces.

SILVESTRE (ŒUVRE D'ISRAEL)

170 — Charenton (189-2), — Chilly (194), — Clichy-la-Garenne (199), — Coulommiers-en-Brie (203), — Courses de têtes et de Bagues titre (205), — Escouen (210-1), Six pièces.

170 — Fontainebleau (216-10-11-12-15), — Fremont (218-1-2). — Fresnes (219-1-2), — Gondy (221-1). Neuf pièces.

172 — Gaillon (220-2-3-5-6). Cinq pièces dont une double.

173 — Grenoble (222-1-2-3-4-5-6-9), — Grignon (223), — Gros-Bois (224-1-2-3). Onze pièces.

174 — Liancourt, suite de huit pièces (230-1-8), — Liancourt. Dix pièces d'une suite de douze (230-11-12-13-14-15-16-17-18-19-20). Dix-huit pièces.

175 — Liancourt (230-12-13-14-15-16-17-18-19-20-33-34). Neuf pièces.

176 — Lorraine. Dix pièces d'une suite de douze (232-1-10).

177 — Lyon (234-9-10-11-12-13-14-15-16-17-22-23-24-25-27-28-29-33-35-36-37-38-39). 24 pièces, dont deux doubles.

178 — Marsal (243 bis), — Marseille (244-2-4-5-6-7-8). Huit pièces.

179 — Meudon (250-1), — Moné (255), — Orange (269), — Pont-en-Champagne (275-1-2), — Reims (280-1-2), — Château de Richelieu (281-3-4). Neuf pièces.

180 — La Roche-Guyon (283), — Rouen (286-6), — La Sainte-Baume (288), — Le Rincy (282-2-3).

181 — Vue de la Maison du Doiené de Pontoise (276-2). Rare.

182 — Saint-Cloud (289-7-8-9.) — Profil de la ville de Saint-Denis (290-1.) Quatre pièces.

183 — Saint-Germain-en-Laye (292-3-5-6-7-8-9-10-12-13-14-15). Onze pièces.

SILVESTRE (Œuvre d'Israel)

184 — Tanlay, suite de six pièces (383-1 à 6). — Autres vues de Tanlay (303-7-8-9-10-11-12-14-14-15). 14 pièces, dont cinq doubles. En tout vingt pièces.

185 — Tonnerre (306-2-3-10). — Tournus (308). — Trévoux (309). — Valery (310). — Venteuil (312). — Verderone (313). — Le Verger en Anjou (315). Neuf pièces.

186 — Versailles (317-1-11). — Vincennes (320-3). — Titres (323-353 et 355). Six pièces.

187 — Titres et vues diverses. Onze pièces.

188 — Vues d'Italie. Cinquante-neuf pièces.

STOOP (Thierry)

189 — Différents chevaux (B. 1-12). Belles épreuves, toutes marges.

SUBLEYRAS (Pierre)

190 — Le Serpent d'airain (R. D., 2). Belle épreuve.

TOPOGRAPHIE (Paris et Province)

191 — **Bella** (St-Della). La perspective du Pont-Neuf, à Paris. — Place Royale, vue de Paris. Trois pièces, belles épreuves.

192 — **Divers.** Palais des Tuileries. — La Place Royale et vues générales de Paris. — Tournoi, etc. Huit pièces par Ducerceau, Picart, Mathieu Merian, Boissevin, etc.

193 — Vues de la Place Louis XV et inauguration de la statue du Roi. Vingt-trois pièces d'après Gravelot, Lespinasse, Moreau, Cochin, de Sève, Gaitte et Martinet. Très belles épreuves.

194 — Topographie de l'ancien Paris. Vingt-six pièces anciennes et modernes.

TOPOGRAPHIE (PARIS ET PROVINCE)

195 — Anciens plans de Paris tirés de divers ouvrages. Vingt-huit pièces.

196 — Vues de Paris, par Campion, Janinet, Ransonnette, Houel, etc. Quarante-huit pièces.

197 — Vues de Paris et autres. Neuf pièces.

198 — Pièces historiques sur des scènes passées à Paris. Seize pièces.

199 — Vues de Paris, Versailles. Quarante-deux pièces.

200 — **Gautier** (L.). Vue de Paris à vol d'oiseau. Deux épreuves de premier tirage, plus le titre de : Le Théâtre géographique du royaume de France ou cette vue se trouve reproduite. Trois pièces. Belles épreuves.

201 — **Le Roy**. Manufacture Nationale. Fabrication particulière de nécessaires à barbe et de rasoirs d'acier fin. (Le Petit-Walle, aux Quinze-Vingts). Très belle épreuve. Rare.

202 — **Monsaldi**. Vue de Paris n° 2, représentant le château des Thuilleries, d'après Garbizza. Belle épreuve.

203 — **Marot** (JEAN). Recueil des plus beaux édifices et frontispices de Paris. Onze pièces. Très belles épreuves de premier tirage avec l'adresse de Van Merlen.

204 — Palais des Tuileries. Planches tirées de l'architecture de J. Marot. Sept pièces. Très belles épreuves.

205 — Eglises de Saint-Denis, Saint-André-des-Arts, des Pères de l'Oratoire, des Incurablee, Portail de l'Hôtel-Dieu, etc. Six pièces. Belles épreuves.

206 — Vues des Églises des principaux couvents de Paris. Douze pièces. Très belles épreuves.

207 — Hôtels de Chevreuse, de Liancourt, de Boutru. Quatre pièces. Très belles épreuves.

TOPOGRAPHIE (Paris et Province)

208 — Monuments de Paris tirés de l'architecture de J. Marot. Douze pièces.

209 — Hôtels de Paris, tirés de l'architecture de J. Marot. Dix pièces.

210 — **Perelle.** Vues de Paris, Saint-Cloud, Vaux-le-Vicomte, Seeaux, Conflans, Saint-Germain-en-Laye, Versailles, Meudon, Chantilly, Chambord, etc. Vingt-sept pièces. Très belles épreuves.

211 — Châteaux royaux : Vincennes, Versailles, Saint-Cloud, Maison du Raincy, Château de Maison, Liancourt, etc. Huit pièces. Très belles épréuves, publiées chez de Poilly.

WATTEAU (d'après Ant.)

212 — *Sous un habit de Mezetin*, par Thomassin. Belle épreuve.

213 — **ATLAS** des anciens plans de Paris, reproduction en fac-simile des originaux les plus rares et les plus intéressants pour l'histoire de la topographie parisienne, avec une table analytique présentant la légende explicative de chaque plan et un appendice consacré aux documents annexes. Paris, Imprimerie Nationale, 1880. In-fol., en portefeuille.

DESSINS

BONNINGTON (R.-P.)

214 — Entrée d'un port.

Aquarelle.

215 — Marine avec voiliers.

A la sépia.

216 — Paysage et croquis divers. Onze dessins au crayon noir et mine de plomb.

BOUCHER (F.)

217 — Bergère au repos.

Aux crayons noir et blanc.

BRAUWER (A.)

218 — Buveurs au cabaret.

A la sanguine.

CORRÈGE (Antonio Allegri, dit le)

219 — Saint Jean. — Etude de tête.

Deux dessins à la sanguine.

COTELLE

220 — Ornementation pour plafond.

Au crayon noir et mine de plomb.

DELACROIX (Eugène).

221 — Etudes pour ses tableaux.

Sept dessins au crayon et à la plume provenant de la vente Delacroix.

222 — Etudes de trois lions sur une même feuille.

A la plume.

DIVERS

223 — Etudes et académies par Valani, et d'après Michel-Ange, etc.

Quatre dessins.

GÉRICAULT

224 — Homme nu attaqué par des lions.

A la plume.

GUERCHIN (F. Barbieri, dit le)

225 — Paysage avec baigneurs sur le devant.

A la plume.

ISABEY (E.)

226 — Etudes de têtes.

Deux dessins aux crayons noir et blanc, sur papier bleu, provenant de la vente d'Isabey.

MARIANI (Léon)

227 — Croquis.

Trois dessins aux divers crayons.

LE NAIN

228 — Deux jeunes garçons debout.

Dessin aux trois crayons.

229 — Buste d'un jeune garçon, coiffé d'un chapeau à plumes.

Aux trois crayons.

NATOIRE (J.)

230 — Etude de femme nue couchée, vue de dos.

A la sanguine, rehaussé de blanc.

OUDRY (J.-B.)

231 — Tête de chien, — Chien enchaîné, — Chien dans un paysage.

Trois dessins au crayon et à la plume.

REYNOLDS ?

232 — Jane, Countess of Barrington, — Miss Charlotte Fish. Deux croquis sur une même feuille.

Au crayon noir.

233 — Etude d'une tête de jeune femme.

Aux trois crayons.

ROUSSEAU (Th.)

234 — Etudes de paysages.

Cinq dessins au crayon noir et mine de plomb.

VALCKENBURG (Dirck)

235 — Homme assis tenant un chien sur ses genoux.

Au crayon noir sur papier bleu, signé.

WILLE (P.-A.)

236 — Leçon de géographie.

Au crayon noir.

WORLIDGE (J.)

237 — Etudes de têtes.

Deux dessins au crayon noir.

Imp. D. Dumoulin et Ce, Paris.

PARIS

IMPRIMERIE D. DUMOULIN ET Cie

5, RUE DES GRANDS-AUGUSTINS, 5

www.ingramcontent.com/pod-product-compliance
Ingram Content Group UK Ltd.
Pitfield, Milton Keynes, MK11 3LW, UK
UKHW021204230726
13926UKWH00001B/298

9 782014 464832